PUBLICATION DU COMITÉ DÉMOCRATIQUE ESPAGNOL

PIÈCES OFFICIELLES.

L'ESPAGNE

DÉMOCRATIQUE.

COMPTE-RENDU

DES

MANIFESTATIONS DU 26 MARS ET DU 11 AVRIL 1848,

PAR

Le Citoyen **PERREYMOND.**

PARIS

IMPRIMERIE CENTRALE DE NAPOLÉON CHAIX ET Cⁱᵉ,
rue Bergère, 8.
1848.

L'ESPAGNE

DÉMOCRATIQUE.

PUBLICATION DU COMITÉ DÉMOCRATIQUE ESPAGNOL.

PIÈCES OFFICIELLES.

L'ESPAGNE

DÉMOCRATIQUE.

COMPTE-RENDU

DES

MANIFESTATIONS DU 26 MARS ET DU 11 AVRIL 1848,

PAR

Le Citoyen **PERREYMOND**.

PARIS

IMPRIMERIE CENTRALE DE NAPOLÉON CHAIX ET Cᵉ,

rue Bergère, 8.

1848.

Au président du *Comité démocratique espagnol*.

Paris, 27 avril 1848.

Citoyen,

La constitution d'un *Comité démocratique espagnol* à Paris est un fait d'une haute importance.

La double manifestation des démocrates espagnols en l'honneur des principes républicains et des martyrs de la Péninsule morts pour la Liberté, ont réveillé les sentiments de fraternité qui n'ont cessé d'exister entre le peuple français et le peuple espagnol.

La France devait à l'Espagne d'éclatants témoignages de franche et de cordiale sympathie : les journées du 26 mars et du 11 avril vous ont prouvé que le Gouvernement de la République et le Peuple de Paris comprenaient le prix de la fraternelle alliance qui doit unir les deux peuples.

Ces manifestations patriotiques, provoquées par le *Comité*, ont pris rang dans l'histoire contemporaine.

Je viens aujourd'hui, citoyen président, vous offrir d'en être l'historiographe, comme j'en ai été le témoin.

Salut et fraternité.

PERREYMOND.

Au citoyen Del Balzo.

Paris, 28 avril 1848.

Citoyen,

J'accepte avec plaisir la proposition que vous me faites d'être l'historiographe des démonstrations de la démocratie espagnole. Vous trouverez ci-joint les documents qui se rapportent aux faits provoqués par le *Comité*.

Le *Comité* se proposait d'en faire la publication. Connaissant votre dévouement à la cause démocratique espagnole et portugaise, si souvent défendue par vous dans la presse parisienne, le *Comité* pense, qu'en accédant à votre demande, nos amis de la Péninsule, dont votre nom n'est point ignoré, vous sauront gré de votre sympathique concours.

Salut et fraternité.

DEL BALZO.

Au citoyen Perreymond.

« On s'aperçut bientôt que cette Succession, qui avait coûté tant de sang, n'assurait pas encore le repos des deux nations. Les rois étaient parents, les *peuples n'étaient pas unis;* les ministres étaient rivaux, et l'Angleterre, profitant de leurs divisions pour les affaiblir, s'emparait impunément du sceptre des mers et du commerce du monde.

» La guerre éclata en 1756. Ce fut après que la nation française eut perdu ses vaisseaux, ses richesses et ses plus belles colonies, que nos malheurs fournirent au caractère espagnol une occasion glorieuse de se déployer tel que, depuis lors, il n'a cessé d'être pour nous. Ce peuple généreux, dont la bonne foi a passé en proverbe, nous reconnut pour ses amis, quand il nous vit près de succomber. Il vint partager nos infortunes, relever nos espérances, affaiblir nos rivaux ; et ses ministres signèrent en 1761 un traité d'alliance avec nous, sur les tronçons brisés de nos armes, sur la ruine de notre crédit et sur les débris de notre marine. »

MIRABEAU.

FRÈRES

DE LA

PÉNINSULE IBÉRIQUE.

*Comme des flèches entre des mains puissantes,
tels seront les enfants de ceux que l'on opprime.*
(*Psaumes de David.*)

L'humanité marche à grands pas vers de meilleures destinées. La pression exercée sur les droits de TOUS par les royautés absolues ou constitutionnelles, a préparé un immense mouvement de réaction. Il n'est donné à aucune tête couronnée, à aucune oligarchie, noble, mercantile, financière ou bourgeoise, d'arrêter l'élan populaire, de détruire l'effet magique produit par la devise : LIBERTÉ — ÉGALITÉ — FRATERNITÉ — UNITÉ.

Rois de la terre, courbez vos fronts devant l'arrêt du Seigneur ! — Vous avez divisé pour régner ; vous avez favorisé les uns, lésé les autres, abandonné les masses à la misère et à l'ignorance ; vos lois avaient deux poids et deux mesures, — l'injustice était dans vos Conseils ; recevez le prix de vos actes, vivez avec le remords de n'avoir pas fondé le royaume de Dieu sur la terre.

L'ère de la justice sera instaurée par les Peuples. Éclatante, magnifique, glorieuse, elle lancera jusqu'aux extrémités du globe la vive lumière qui doit éclairer le genre humain, féconder les saints principes de fraternité et d'amour que Dieu a semés dans le cœur de ses enfants.

La Péninsule d'au delà des Pyrénées, unie à la France républicaine, est appelée à jouer un grand rôle dans la transformation du monde selon la loi de Dieu. Elle a passé, comme la France, par les mille mensonges d'un gouvernement constitutionnel, tombé en partage à de mesquines intelligences, ne comprenant ni la majesté du peuple ni l'éclat de la royauté.

Rois de pacotille et de comptoir, tripoteurs de bourse, vous avez été petits, plats et sans cœur, comme l'usurier et l'homme d'argent.

Le mépris s'est appesanti sur vous. Le sentiment de l'honneur populaire, surexcité par le tableau de vos règnes corrupteurs, a suffi et suffira pour vous faire rentrer dans le néant.

Vous avez présenté l'étrange spectacle de personnages puissants tombés dans l'oubli du sépulcre avant que vos corps reposent dans le linceul.

Que ta justice est grande, ô Seigneur !

La Péninsule a donc à accomplir sa *révolution du mépris*. Elle l'accomplira avec les sentiments généreux de dévouement, d'honneur national froissé, de courage héroïque, de persévérance indomptable dont elle a donné de si grands et de si éclatants exemples depuis quarante ans.

La démocratie péninsulaire triomphera, et sa victoire sera assurée pour toujours.

Annales illustres de la gloire du peuple espagnol, apparaissez en caractères de feu devant les générations présentes !

Castilles, rappelez-vous la guerre des *Communeros* et l'héroïsme des *Padilla* !

Valence, souviens-toi des luttes de la *Germania*, des luttes de la fraternité populaire, contre les priviléges des castes nobiliaires.

Catalogne, ravive au contact de la moderne pensée démocratique, tes vieux instincts de liberté.

Arragon, Andalousie, Navarre, Biscaye, Galice, Asturies, Murcie, vous toutes provinces de l'Espagne, qui avez défendu au prix de votre sang les plus précieuses libertés; conservez-les en leur donnant une nouvelle, une plus large vie, par le souffle régénérateur de notre époque.

Le peuple portugais, toujours, lui aussi, sur la brèche, accomplira en même temps sa régénération politique et sociale.

Le pouvoir révolutionnaire, le pouvoir des grandes pensées populaires, le pouvoir d'une *junte centrale*, présidera alors aux destinées du peuple de la Péninsule.

L'impulsion révolutionnaire deviendra puissante, irrésistible. La Péninsule, rappelée à la haute mission sociale qui lui appartient, trouvera dans son sein les éléments impérissables de gloire et de prospérité.

La *Fédération Ibérique*, forte de sa position maritime, forte de ses intrépides marins, apportera dans le commerce des peuples, des flottes et des navires marchands, qui, en accroissant la richesse européenne, pousseront au développement des peuples, en Afrique, en Asie, aux Antilles.

La France, fraternellement unie à la péninsule Ibérique, animées du même principe vivifiant, hâteront la délivrance des Peuples du centre et de l'orient de l'Europe.

La propagande révolutionnaire décuplera ses forces : la Fédération ibérique et la République française compteront cinquante-six millions de citoyens, et d'inépuisables ressources.

La France *sans* l'Espagne est condamnée à des tiraillements extérieurs ; — l'Espagne *sans* la France est sous le coup d'une sorte d'immobilisme.

L'avenir des deux peuples est tout entier dans leur fraternité démocratique : la liberté des Peuples dépend essentiellement de cette puissante association de l'Europe occidentale.

Le jour de ce pacte solennel est proche. Le feu démocratique embrase la Péninsule, l'incendie éclate. — Ces peuples généreux apparaissent dans toute leur grandeur ; la corruption est vaincue ; — l'Océan et la Méditerranée refoulent au loin, de leurs vagues dédaigneuses, les vivants débris de monarchies devenues impossibles.

Intrigants de tous les régimes qui grouillaient aux pieds des trônes de Maria de Gloria et d'Isabelle II, ne tentez pas une folle résistance : laissez passer la Justice de Dieu, ou vous serez broyés par le bras populaire !

Vive la République ! — Vive la Junte centrale ! — Vive la Fédération ibérique ! — Vive l'Alliance fraternelle de la France et de l'Ibérie !

PREMIÈRE MANIFESTATION

DES DÉMOCRATES ESPAGNOLS

(26 mars 1848).

Les Espagnols, au nombre de plusieurs centaines, ont fait, le 26 mars , une éclatante manifestation en faveur des principes proclamés par la République.

Les drapeaux de la République française et de la future République espagnole flottaient réunis à la même hampe.

Le rendez-vous avait été fixé à la place Vendôme.

Les représentants désignés étaient MM. Del Balzo, Bermudez de Castro, Tolosa, Abad y Escudero, Urrabieta, Cisneros, Martinez, Padilla Freixas, Contreras, Quiroga.

Dans cette manifestation politique , les Espagnols avaient eu l'heureuse pensée de porter le drapeau jaune aux deux bandes rouges , et le drapeau tricolore *vert, jaune, rouge*, de l'Espagne libérale de 1820.

M. Del Balzo, profitant de cette circonstance, fit ressortir la différence essentielle qui existe, entre les anciens faits glorieux que l'Espagne avaient accomplis sous le drapeau jaune et rouge, et ceux qu'elle était appelée à réaliser, sous le drapeau tricolore de la démocratie.

« Le drapeau aux deux couleurs, a-t-il dit (1), appartient à l'histoire du courage guerrier des Espagnols. respectons-le; mais il ne saurait symboliser les principes de fraternité du peuple espagnol envers les autres peuples. Il ne représente pas notre complète régénération; car il a été non-seulement un signe de guerre, mais un signe de despotisme. Le véritable drapeau de notre émancipation. le voici : c'est le drapeau tricolore. où brille

(1, Traduction de l'espagnol.

la couleur *verte*, emblème de nos vives espérances et de l'indépendance des peuples : c'est l'étendard qui nous conduira au combat, s'il le faut, pour renverser les oppresseurs de notre patrie. Proclamons donc les principes sacrés de *Liberté*, *Égalité*, *Fraternité*, et crions : Vive la démocratie! Vive le drapeau de l'émancipation espagnole! »

Après ces énergiques paroles, qui avaient été couverte d'applaudissements, M. Del Balzo, s'adressant à l'un de ses compatriotes, lui dit :

« Viens ici, mon brave frère, et que tous nos camarades apprennent à te connaitre. C'est toi et les autres sergents de la Granja qui avez fait retentir, en 1836, le cri de liberté dans notre chère patrie. Vous avez eu la gloire de faire proclamer la Constitution de 1812. A vous le mérite d'avoir humilié l'orgueil d'une reine ingrate. Si votre courage n'a pas produit les heureux résultats que la nation aurait dù attendre de votre mémorable initiative la faute en est uniquement à nos escamoteurs politiques. — Malheur à eux!!

» Concitoyens! honneur aux sergents de la Granja, à ces courageux et dévoués soldats de la Liberté espagnole! »

Des cris de *Vivent les sergents de la Granja!* s'élèvent alors de toutes parts ; le cortége entonne l'*Hymne de Riégo*, et se dirige vers la colonne de Juillet, par la rue Saint-Honoré et les quais.

Arrivé devant le monument funèbre des martyrs des libertés françaises, M. Tolosa prononça les paroles suivantes :

« Mânes vénérables des martyrs de la liberté, nous, enfants de l'Espagne, nous venons verser nos larmes sur le tombeau de nos frères, les Français, morts martyrs de l'humanité

» Nous suivrons votre admirable dévouement ; nous serons dignes de vous rejoindre en face de Dieu; nous continuerons l'œuvre de la cause trois fois sainte de l'humanité.

» Vive la République française! Vive l'association des peuples! »

Le cortége défila ensuite par la rue Saint-Antoine jusqu'à l'Hôtel-de-Ville, où les Espagnols furent reçus par M. de Lamartine.

M. Salas, donna lecture au nom des Espagnols démocrates, de l'adresse suivante, signée par les membres du *Comité*.

Nous citons le *Moniteur* :

« L'Espagne a tressailli du fond de ses entrailles au cri de *Liberté, Egalité, Fraternité,* lancé au monde par le peuple français.

» C'est au nom du peuple espagnol, qui lui aussi a versé son saug généreux pour les saints principes de la fraternité, que nous venons dans cette ancienne et illustre demeure des franchises communales faire des vœux pour que notre patrie jouisse enfin des bienfaits d'un gouvernement du peuple par le peuple.

» La chute de la famille d'Orléans, dont les intérêts égoïstes portaient une influence perfide en Espagne, ouvre une ère nouvelle à notre patrie.

» L'Espagne pense à sa régénération politique et sociale; elle l'accomplira avec enthousiasme, avec ardeur, avec éclat; — elle a la mémoire de sa gloire passée et la conscience de sa splendeur à venir.

» Alors il n'y aura plus de Pyrénées; les peuples de France et d'Espagne, en se donnant une main fraternelle, auront détruit tout obstacle entre les deux plus grandes nations de l'Europe occidentale.

» Gloire donc à la France et au Gouvernement provisoire de la sœur aînée des nations !

» Vive la République française ! Vivent le Gouvernement provisoire ! »

Puis M. Salas lut l'adresse du peuple de Saragosse au peuple de Paris. Cette adresse, signée des plus notables habitants de cette ville célèbre, est conçue en ces termes :

« Héroïques Parisiens !

» L'écho de votre étonnante et généreuse révolution a remué les fibres patriotiques de tous les cœurs libéraux de l'Europe, en ouvrant une source d'espérances flatteuses à la Belgique, à l'Italie, à la Pologne, et en général à toutes les nations opprimées ou arriérées. Votre gloire est immense, car vous êtes les représentants nés de tous les progrès et de toutes les illustrations qui ont distingué ce siècle, le plus grand de tous les temps.

» Dans le cours de quelques années vous avez changé la face des lettres, de la philosophie et de la politique, grâce à vos savants encyclopédistes ; vous avez mené à bout, peu de temps après, la révolution la plus sanglante et la plus féconde dont rendent compte les annales du monde, et vous en avez fait sortir le premier homme de l'histoire ; vous avez donné, en 1830, l'exemple le plus rare de faire d'une révolution l'origine d'un trône ; enfin vous en avez produit une autre non moins grande, dont l'Europe libérale désire le plus heureux développement.

» Le programme qui annonce votre révolution, les noms illustres qui sont à sa tête, la manière noble avec laquelle elle a été conçue et développée, tout cela est un gage de sécurité en faveur des droits des peuples.

» Nous qui faisons partie de la jeunesse dont dépendent les destinées à venir de l'humanité ; nous, dont les pères ont combattu contre vos aigles en défense de leur indépendance, nous vous rendons aujourd'hui, au nom de nos frères politiques, le tribut de notre admiration, dès que vous avez proclamé les grands principes qui font de toutes les nations des sœurs en Jésus-Christ et en la liberté. »

Ensuite la députation espagnole a offert à la République, qui l'a agréé, le drapeau de l'Espagne.

M. de Lamartine, ministre des affaires étrangères, au nom du Gouvernement provisoire, a fait la réponse suivante :

« Il y a longtemps qu'on a dit : Il n'y a plus de Pyrénées, et votre démarche sympathique prouve bien que cette vérité reste nscrite dans le cœur des Espagnols comme elle vit toujours dans le cœur des Français. Mais, lorsque cette vérité est émanée de la bouche d'un roi, elle ne se rapportait qu'à des intérêts de territoire et de dynastie. Combien n'a-t-elle pas plus de force aujourd'hui qu'elle n'exprime que le rayonnement de la pensée entre les peuples ! Devant elle les montagnes s'aplanissent, les fleuves se comblent, les mers disparaissent : la fra ternité humaine ne connait plus d'obstacles à l'union féconde qu'elle consacre. Rien n'atteste mieux cette fraternité que la démarche que vous venez faire aujourd'hui auprès du Gouvernement de la République française.

» Naguère la France et l'Espagne se combattaient pour des intérêts égoïstes, et le sang de leurs enfants rougissait le sol des deux pays. Votre présence ici prouve que ces luttes sont oubliées et ont fait place à un sentiment de noble rivalité pour tout ce qui concerne la liberté et la civilisation.

» Ces germes féconds, la France les a donnés au monde, et vous les avez noblement développés sur votre sol, où le sentiment de la liberté était depuis longtemps répandu dans les veines et dans les institutions. Espérons que désormais les deux nations vivront en paix : tout les y convie, l'accord des idées et des intérêts. Quant au désir que vous exprimez que la France sympathise avec vos sentiments d'affranchissement, vous ne doutez pas que l'esprit de liberté qu'elle a si énergiquement déployé, il y a un mois, ne s'applique à tout ce qui porte dans son cœur le même sentiment. Mais la France n'impose à personne ni ses désirs ni ses intérêts ; elle laisse se développer librement les germes qu'elle a semés. C'est aux nations à réaliser dans leur sein ce qu'elles peuvent porter. La nation espagnole, si grande, si généreuse, si noble, ne sera pas la dernière à marcher dans cette voie ; nous la suivrons avec intérêt dans ce développement, et nous désirons vivement la voir puissante, heureuse et libre. »

Les Espagnols remercièrent M. de Lamartine des sentiments bienveillants qu'il venait d'exprimer à l'égard de leur pays; ils ajoutèrent que l'union de la France et de l'Espagne ne pouvait se fonder que sur la volonté des deux peuples.

Le cortége, en parcourant les différents quartiers de la capitale, a fait entendre l'hymne de Riégo et autres chants nationaux. Il a été partout accueilli, par l'immense population de Paris, avec des démonstrations de la plus vive sympathie.

On entendait de tous côtés les cris de : *Vive l'Espagne ! Vive la France ! Vive la République ! (Moniteur.)*

A la sortie de l'Hôtel-de-Ville, la réunion déboucha sur les boulevarts par la rue du Temple.

La dernière halte avait été fixée dans la cour de la Maison-Dorée, rue Laffitte. Des discours chaleureux et empreints des idées les plus larges y furent prononcés en espagnol par MM. Quiroga, Escudero et Del Balzo.

Le sergent Depret s'exprima en ces termes :

« Citoyens (1), le drapeau que nous venons de déployer est le drapeau régénérateur de l'Espagne. Les démocrates espagnols, les vrais patriotes — et ils sont très-nombreux — le défendront avec nous. Soyons unis ; suivons l'exemple des immortels enfants de Castille ; combattons pour faire disparaître le pouvoir caduc qui pèse sur notre chère patrie. Et si la fortune nous trahissait encore une fois, sachons mourir, sur la brèche, les armes à la main. Notre sang deviendra une nouvelle protestation contre la tyrannie ! »

Ajoutons au compte-rendu que nous avons donné plus haut, d'après le *Moniteur,* un fait très-significatif qui prouve la sympathie que les Espagnols démocrates ont justement excitée dans la capitale.

Le cortége espagnol rencontra une grande réunion d'ouvriers et la légion polonaise ; une scène des plus touchantes s'en suivit. Les cris de vive la France ! vive l'Espagne ! vive la Pologne ! retentirent de toutes parts ; les drapeaux des ouvriers, des Espagnols, se croisèrent ; les rangs se mêlèrent ; on s'embrassa avec effusion, au cri mille fois répété de vive la fraternité des peuples ! et au chant de l'*hymne de Riego* et de la *Marseillaise.*

(1) Traduction.

DES DÉMOCRATES ESPAGNOLS.

(11 AVRIL 1848).

La pensée démocratique domine, en France, les hommes et les événements ; toujours prête à faire explosion dans la Péninsule d'au-delà des Pyrénées, elle fermente et agite ce vaste pays.

Heureux rapprochement ! L'esprit démocratique qui anime le peuple espagnol s'est manifesté le même jour à Madrid et à Paris. Les démocrates espagnols se présentaient à l'Hôtel-de-Ville pour féliciter le Gouvernement provisoire de la République, et pour faire des vœux en faveur du triomphe de toutes les libertés, pendant que le peuple de Madrid descendait dans les rues pour renverser la dictature abrutissante de Narvaez.

L'Espagne démocratique , l'Espagne de la constitution de 1812, comptait de nouvelles victimes. Il fallait les glorifier ; il fallait que la Péninsule donnât un fraternel souvenir à ses enfants chéris, morts pour la patrie et pour le bonheur de leurs frères.

Les démocrates espagnols résidant à Paris, profondément émus par les derniers événements de Madrid , résolurent de se rendre au pied des autels, pour honorer la mémoire de leurs martyrs.

La France républicaine de 1848 devait un éclatant témoignage de regret pour le passé , et de fraternelle sympathie pour l'avenir, à la plus fidèle alliée de notre première république, à l'Espagne.

Le peuple de Paris répondit chaleureusement à l'appel de la démocratie espagnole, franchement, nettement formulé dans la proclamation suivante, placardée, sur tous les murs de la capitale, au nom du *Comité démocratique espagnol* (1).

(1) Traduction.

SERVICE FUNÈBRE

EN MÉMOIRE

DES ESPAGNOLS MORTS POUR LA CAUSE DE LA LIBERTÉ.

Église de la Madeleine. — 11 avril, à dix heures et demie du matin.

I.

« Depuis la proclamation de la constitution de Cadix, en 1812, ce pacte fondamental des libertés espagnoles, jusqu'à la dernière révolution de mars, notre patrie compte de nombreux et héroïques martyrs, morts pour la sainte cause de nos libertés.

» Glorifions leur mémoire ! Nous leur devons l'esprit de liberté qui enflamme nos cœurs et qui agite notre pensée.

» Réunissons-nous au pied de l'autel, prions pour eux et pour notre prochaine délivrance.

» Convions à cette solennité nos frères de la Péninsule, les Portugais, nos frères des Amériques, et tous les membres des différents peuples qui se trouvent à Paris.

II.

AU PEUPLE FRANÇAIS.

» Et toi, peuple héroïque de France, aux larges sentiments démocratiques, unis-toi à nous pour célébrer ce jour ! Naguère tu as encore une fois répudié de la manière la plus éclatante la politique des familles princières, qui surent, dans leur intérêt personnel, soit par les armes, soit par la corruption, comprimer l'élan de notre patriotisme.

» Étrange spectacle ! L'Espagne, cette sœur aînée de la France, qui la *première* s'était déclarée l'alliée de la République française, et avait versé son sang pour elle, l'Espagne a été le seul pays qui ait eu à souffrir dans ses sentiments de fraternité pour le peuple français.

» Les *intérêts dynastiques* des trois dernières couronnes des Tuileries ne pèseront plus sur l'Espagne : le peuple français est là ; il veille armé, dans sa puissance et dans sa force, au salut de la liberté du monde !

» Aussi, les peuples de France et d'Espagne sont-ils fraternellement unis pour toujours !

III.

» Le peuple de Paris étant aujourd'hui organisé, soit dans les clubs, soit dans les légions de la garde nationale, les Espagnols seront heureux de trouver dans leurs rangs, mardi prochain, 11 avril, au service funèbre de la Madeleine, des députations des clubs avec leurs drapeaux, et des citoyens de la garde nationale.

IV.

» La réunion aura lieu aux abords de la Madeleine, à dix heures et demie ; le service sera fini à onze heures et demie.

» La réunion se rendra ensuite au boulevart Bonne-Nouvelle.

» Une oraison funèbre en l'honneur des martyrs de la liberté espagnole et du monde entier sera prononcée, dans la salle Bonne-Nouvelle, par *un membre du clergé*.

V.

DRAPEAUX.

» Les drapeaux de la cérémonie seront les suivants :

» Drapeau de la démocratie espagnole,

» Drapeau de la démocratie portugaise,

» Drapeau de la fédération ibérique,

» Et les drapeaux des autres nations qui se réuniront aux démocrates espagnols. »

Le président du *Comité* adressa aux *Clubs* une invitation particulière. Voici cette seconde pièce importante :

« Paris, 9 avril 1848.

» Les démocrates espagnols célébreront mardi prochain.
(11 avril) à l'église de la Madeleine, à dix heures et demie du
matin, un service funèbre en l'honneur de leurs concitoyens
morts pour la sainte cause de la liberté.

» Vous le savez, Citoyen, depuis quarante ans les gouvernements de votre pays ont fait peser sur l'Espagne leur trop fu-
neste influence.

» L'Espagne serait libre depuis longtemps, si les intérêts
égoïstes des dynasties françaises ne s'étaient pas élevés contre
nous.

» Aujourd'hui, la France républicaine et l'Espagne démocratique se tendent une main fraternelle. C'est là un immense bien-
fait pour les deux peuples.

» Mais lorsqu'une nation a souffert pendant de longues années de la pression d'un autre pays, il reste encore pour quelque temps, dans le cœur de la nation sacrifiée, un sentiment pé-
nible qu'il est bon de faire disparaître.

» Les démocrates espagnols s'adressent donc à vous, Citoyen
président, pour vous prier de faire accepter à votre club l'invitation fraternelle que nous lui faisons, d'assister au service
funèbre de la Madeleine. C'est au pied des autels que l'homme
comprend le mieux la liberté, l'égalité et la fraternité.

» Après la cérémonie religieuse, la réunion se rendra à la salle
Bonne-Nouvelle, boulevard Bonne-Nouvelle, pour y entendre
l'oraison funèbre des martyrs de la liberté.

» Le cortége se rendra ensuite à la colonne de la Bastille, pour
rendre hommage aux martyrs de la liberté française et pour
fraterniser avec le peuple de Paris.

» Salut et fraternité.

» DEL BALZO. »

Tout ce qui est grand et généreux trouve de l'écho à Paris.
La voix des démocrates espagnols avait été entendue. La célé-

bration du service funèbre eut lieu avec une imposante solennité.

Les représentants et les délégués d'un grand nombre de clubs et de réunions patriotiques s'étaient rendus à la Madeleine pour témoigner de leur pieux souvenir envers les martyrs de la Péninsule.

Le nombreux cortége, composé d'Espagnols, de Portugais, d'Américains, accompagnés par des Français, des Allemands, des Polonais, des Italiens, se dirigea ensuite vers la salle Bonne-Nouvelle, où l'on devait entendre une oraison funèbre prononcée par un membre du clergé. — La vaste salle était comble ; elle renfermait des hommes et des dames de toute condition et de tout âge ; mais une seule pensée animait cette sympathique et nombreuse assemblée. On y remarquait avec plaisir une députation des blessés de Février, qui, non encore complétement rétablis, prirent part à la grande manifestation espagnole.

Le coup d'œil était magnifique. Derrière l'orateur se groupaient les drapeaux de la Fédération ibérique, de l'Espagne, du Portugal et de la France démocratiques, unis aux drapeaux des clubs.

Un religieux silence régnait dans l'assemblée. On savait qu'un prêtre allait prendre la parole. Vivement impressionnée par le verbe évangélique, l'assemblée témoigna bientôt son chaleureux enthousiasme. L'oraison achevée, mille voix demandèrent que l'orateur, l'abbé *Chavée*, fût porté comme candidat à l'Assemblée nationale.

Alors les délégués des différents clubs se levèrent, les uns après les autres, et prirent l'engagement solennel de faire accepter cette candidature, improvisée dans l'entraînement de la parole de vérité.

C'était un touchant spectacle de fraternité et d'amour universels.

Un citoyen espagnol, Contreras y Elizalde, se lève et prononce avec feu les paroles suivantes :

« CITOYENS .

» Nous sommes heureux. après le discours. empreint de la morale évangélique la plus élevée, que nous venons d'entendre, que notre solennité funèbre ait été l'occasion de faire connaître à la France un noble cœur et un orateur de plus.

» C'est une nouvelle gloire pour la mémoire de nos martyrs.

» L'Espagne vous sera reconnaissante. Citoyens, si vous faites triompher la candidature du prêtre qui. le premier, a consacré l'acte solennel de la fraternité de nos deux nations !

» Gloire donc et amour, au nom de la Péninsule, à notre apôtre l'abbé Chavée. »

Voici, au reste. la brillante improvisation de l'abbé Chavée, que le *Comité* avait eu le soin de faire sténographier.

« Il me semble, Frères , que la meilleure manière d'honorer la mémoire des martyrs du 26 mars, en Espagne, et de tous les martyrs de la liberté , c'est de méditer ensemble, pendant quelques instants. sur la grandeur et sur la sainteté de la cause qu'ils ont défendue.

» La cause du peuple est, d'abord, la plus sainte de toutes les causes , parce que la cause du peuple est aussi celle de Dieu. (Bravo!.) La cause du peuple est ensuite la plus grande de toutes les causes, la plus vaste des entreprises humaines, parce que c'est. de toutes . celle qui présente le plus de difficultés à surmonter. et qui exige, par conséquent, le plus de courage, le plus de persévérance de la part de ceux qui veulent la faire triompher.

» La cause du peuple, c'est celle de Dieu et de *celui qu'il a envoyé*. Il y a dix-huit siècles, Jésus-Christ a dit clairement ce qu'il voulait; son but et ses moyens nous sont connus.

» Je prendrai, non dans les écrits de ses disciples. mais dans ses propres paroles. la constitution qu'il a donnée au genre humain. Ce n'est point dans une théorie dogmatique , qui peut changer en se développant . que Jésus-Christ a posé la base de l'édifice social : non ! Frères , non ! c'est dans quelque chose qui ne change pas , qui ne progresse pas. c'est dans les sentiments toujours les mêmes du cœur de l'homme : c'est dans un double précepte d'amour qu'il a su poser le fondement à jamais inébranlable de toutes les sociétés : « Tu aimeras ton Dieu de tout ton esprit , de tout ton cœur et de toutes tes forces. Voilà le premier et le plus grand commandement! Le second lui est semblable : Tu aimeras ton prochain comme toi-même. » Frères, tout est là. Je vous le dis avec mon cœur de prêtre, hors de là il n'y a ni salut, ni vie, ni bonheur possible. Jésus-Christ le savait si bien , que pour se faire comprendre de ses auditeurs d'alors, hommes qui aimaient les figures, les images, comme tous les Orientaux, du reste, il leur disait : « Je suis venu sur la terre pour renverser le royaume des mauvais et pour y établir le règne de Dieu.» Tout à l'heure, nous verrons comment le peuple, lui aussi , a renversé le royaume du mauvais, le règne du mensonge, pour établir le royaume de Dieu . le règne de la vérité. (Applaudissements.)

» Je dis donc , Frères, que dans ce double précepte d'amour, se trouve toute la constitution évangélique, seule source du vrai bonheur pour les hommes. Pris individuellement, l'homme ne peut être libre s'il n'est pas vertueux. On aura beau lui prodiguer les richesses, on aura beau le flatter, l'enorgueillir : s'il n'est pas maître de lui-même ; si l'âme chez lui ne domine pas l'être organique ; si, pour parler le langage si beau de l'Écriture, l'esprit chez lui ne l'emporte pas sur la chair, il ne sera jamais heureux, il ne sera jamais libre ; et ce qu'il y aura de pire, c'est qu'il aura constamment en lui-même , et dans sa propre conscience, son accusateur, son juge et son bourreau. Je n'ai pas besoin d'insister là dessus ; car vous aussi vous avez lutté, vous luttez encore tous les jours contre les exigences désordonnées des instincts organiques, pour vous élever à cette sublime hauteur de domination sur vous-mêmes qu'on appelle vertu.

» Vous savez tous qu'à chaque victoire remportée dans ce

combat sublime de chaque jour, vous vous êtes sentis plus grands, vous vous êtes sentis plus heureux: c'est qu'alors vous étiez maîtres de vous, c'est qu'alors vous étiez libres !

» Frères, dites-le bien haut à tous les hommes vos frères et répétez-le à tous : s'ils veulent être véritablement libres et heureux, qu'ils commencent par se rattacher intimement à la source de tout bonheur, à Dieu! Que leur premier culte soit le culte sacré du devoir; car aimer Dieu, c'est pratiquer ses commandements. Ce n'est qu'ainsi qu'ils grandiront à leurs propres yeux et qu'ils seront assez forts pour porter le plus grave de tous les poids, le poids d'une liberté complète. (Applaudissements.)

» Le précepte de l'amour du prochain, ai-je besoin d'en parler? Vos cœurs ont déjà fait ce commentaire, déjà tous ici vous m'avez remplacé! Que dirai-je?... Voici une pensée : vous avez écrit sur vos drapeaux un mot qui remplace parfaitement le mot de l'Évangile, et le dirai-je? vous avez été plus heureux que les apôtres pour dénommer la charité chrétienne. Jésus-Christ avait dit : « Vous tous, tant que vous êtes, vous êtes frères, » et vous avez écrit sur vos drapeaux: *Fraternité!* Mais savez-vous bien tout ce que ce mot emporte de devoirs? Ai-je besoin de vous dire que jusqu'aujourd'hui, dans le monde, on a regardé la parole de notre Sauveur comme non avenue, et que les hommes, malgré cette parole divine, eurent la lâcheté, car c'en est une, de dire au Sauveur : « Allez, nous n'avons que faire de votre constitution sociale; nous allons, nous, faire une constitution à notre guise, et nous la bâtirons sur un autre principe que le vôtre, nous la fonderons sur l'antagonisme et sur l'amour de soi. »

» Eh bien ! frères, il y a dix-huit siècles que ces lâches se sont trouvés (c'est parce qu'ils n'avaient pas le courage de se soumettre à la magnifique constitution donnée par Jésus-Christ, que je les appelle des lâches). Vous les méprisez avec moi aujourd'hui parce que vous avez un cœur assez grand pour aimer tout le monde... (Applaudissements.) Oui, il faut avoir souffert avec ceux qui souffrent, il faut avoir compris le grand principe de la solidarité humaine et la sublimité du dévouement, pour adopter, dans la pratique, le second précepte de Jésus-Christ. Et si vous recommencez en quelque sorte l'œuvre du Sauveur, c'est que vos pères n'ont pas compris la charité chrétienne aussi largement que vous la comprenez aujourd'hui.

» A vous donc d'être franchement les hommes de l'Évangile, les hommes du Christ et de la fraternité qu'il a prêchée. A vous de répudier tous ces législateurs insensés qui, dans la vie sociale, ont laissé l'Évangile de côté pour se bâtir des lois et des chartes sur le terrain fangeux de l'égoïsme et du privilége. (Applaudissements.)

» J'en viens, frères, à la seconde partie de mon sujet. J'ai dit que la cause du peuple est la plus grande, la plus vaste des entreprises humaines, parce qu'elle est la plus difficile, et qu'elle exige immensément de courage et de persévérance de la part de ceux qui veulent la faire triompher.

» Les obstacles ici viennent de trois sources. Ces obstacles viennent, d'abord, des gouvernés ; ils viennent, en second lieu, des gouvernants, et en troisième lieu, ils proviennent de ceux qui sont chargés, par leur mission, d'être les médiateurs entre les gouvernés et les gouvernants.

» Les obstacles qui viennent du côté des gouvernés sont nombreux, mais nous pouvons les réduire ici à deux chefs principaux : l'ignorance et la peur.

» L'ignorance, Frères, ah ! c'est bien là le plus grand des maux qui pèsent sur nous. C'est parce que nos pères ont été ignorants qu'ils nous ont laissé tant de besogne à faire ; c'est parce que, durant dix-huit cents ans, on leur a enlevé tous moyens d'observer, de penser et d'écrire en liberté, qu'ils ont été aussi dociles à la voix des tyrans. Frères, nous ne sommes hommes que parce que nous avons une intelligence capable de connaître les faits, de les concevoir dans leur cause unique et éternelle, qui est Dieu, et parce que nous avons une volonté capable d'agir en conséquence des déterminations que cette intelligence a prises. Nous sommes hommes quand nous savons, et plus nous savons, plus nous sommes hommes. Mais il faut naturellement qu'à côté de la science vienne toujours cette volonté qui conforme les actes aux prescriptions de la science; car quand la raison a dit : Voilà ce qu'il faut faire, et que l'homme n'écoute point sa voix, il n'est homme qu'à demi, il n'est point un homme complet.

» Eh bien! savez-vous ce que je voudrais aujourd'hui? Je voudrais, pour le succès de notre cause, que nous fussions tous des hommes complets, des hommes selon la vérité, selon Dieu. Je voudrais que nous fussions tous des chrétiens; je voudrais qu'il y eût en vous tous la ferme résolution d'apprendre tout ce qu'il faut apprendre pour aimer Dieu de tout notre esprit, de tout notre cœur, de toutes nos forces, et d'aimer notre prochain comme nous-mêmes. Croyez-moi, Frères, vous n'aimerez Dieu comme Jésus-Christ le veut, vous n'aimerez votre prochain comme Jésus-Christ le demande, que lorsque vous aurez bien médité, profondément réfléchi sur la nature de Dieu, dont tout dépend, et sur la nature de vos frères, qui est semblable à la vôtre. Si vous ne méditez ces grandes questions, et si leurs solutions ne président point toujours à votre conduite sociale et privée, vous ne ferez rien, absolument rien; vous aurez beau essayer des révolutions: sans Dieu, vous tomberez comme on est tombé il y a soixante ans.

» Amis, nous valons mieux que nos pères sous ce rapport; nous savons plus qu'eux, et on ne nous prendrait plus aux mêmes piéges. Il y a ici, dans cette assemblée, des hommes de 92 qui gémissent encore aujourd'hui d'avoir vu échouer l'œuvre à laquelle ils avaient voué toute leur intelligence, tout leur sang, parce que leurs frères ne savaient pas assez, parce qu'ils manquaient d'idées généreuses et fécondes, parce qu'ils ne voyaient qu'un intérêt matériel et égoïste là où ces grandes âmes voyaient le bien de tous, la régénération de la France et du monde entier.

» Citoyens! il faut que nous ayons tous cette science de nos droits et de nos devoirs. Apprenons à nous connaître nous-mêmes, et n'oublions jamais que nos frères valent autant que nous. Répétons ce que disaient à leur futur souverain les an-

ciens démocrates aragonais : « Nous qui, pris individuelle-
» ment, sommes autant que vous, et qui, réunis, pouvons plus
» que vous... *Nos otros que, cada uno por si, somos tanto como
» os, y que juntos podemos mas que os, etc.* » (Très-bien ! très-
bien !) Oui ! tous les hommes ont la même nature, tous sont les
enfants d'un même père, qui règne dans les cieux ; tous sont
frères, enfin. Voilà la vérité, et nous sommes tous faits pour en
vivre. (Applaudissements.)

» Après l'ignorance vient la peur. Un des instincts qui jouent
le plus grand rôle dans notre vie, c'est l'instinct de la conser-
vation. Nous tenons à nous conserver nous-mêmes, à conserver les nôtres, et, par je ne sais quel entrain purement instinc-
tif, notre premier mouvement est d'abord de dire : « Mais...
moi !...» Alors, au lieu de marcher héroïquement à la réalisation périlleuse d'une idée, nous cédons lâchement aux exigences de nos instincts égoïstes. Et cependant, pour que les idées
de justice et de liberté triomphent dans ce monde, il faut que
les majorités ne redoutent point ceux qui veulent être heureux
par l'iniquité et par l'esclavage. Pour faire une révolution, il
faut non-seulement des idées, il faut encore le courage de ces
idées. Or, le dirai-je, Citoyens ? pendant dix-huit siècles, ceux
qui avaient mission de faire prévaloir sur la terre la justice,
l'amour de nos frères et la liberté, n'ont que trop souvent prê-
ché la soumission aveugle aux tyrans ; et quand leur conscience,
éclairée par la méditation de l'Evangile, les portait à protester
au nom de Dieu contre les abus de la force brutale et de l'é-
goïsme, ils avaient peur !.... Et non-seulement ils avaient peur,
mais, sous les noms de *respect* et de résignation, ils mettaient
la peur à l'ordre du jour. Quelle puissance les rois ne puisèrent-
ils pas dans la faiblesse craintive et obséquieuse de ces défen-
seurs-nés des droits de l'homme et du citoyen ? Sans le silence
des apôtres de l'Evangile, les systèmes d'intimidation n'eussent
point tant de fois sauvé les oppresseurs des peuples. (Applaudissements prolongés.)

» De la part des gouvernants, les obstacles furent nombreux aussi, mais moins difficiles à surmonter. Les intérêts de

famille, les intérêts dynastiques, les intérêts de l'orgueil et de la sensualité, telles furent les principales causes de la persistance insensée des rois et de leurs valets.

» Frères d'Espagne, je me contenterai de vous rappeler ici deux époques bien différentes de votre histoire.

» Vous étiez au moyen-âge le plus libre d'entre les peuples du monde. Alors, l'Europe entière avait les yeux tournés vers vous ; alors les cortès, qui avaient succédé aux conciles, apportaient dans leurs décisions une dignité, une fierté, une grandeur d'âme jointe à une intelligence telle, qu'aujourd'hui, en relisant vos anciennes franchises démocratiques, on se sent encore pénétré d'une profonde admiration. Frères, cette Espagne si libre et si belle au xve siècle, un Gantois, le premier des Charles de votre pays, sut la transformer en une nation d'esclaves, et, durant trois cents ans, lui et ses successeurs purent répéter à vos pères qu'ils annulaient, *en vertu de leur pouvoir royal absolu, toute loi contraire* à leur despotisme. Et l'Espagne s'endormit sous le poids de ses chaînes. Démoralisée par les tracasseries de l'inquisition, avilie dans son caractère, la grande apathique ne sortit de son engourdissement qu'au moment où Napoléon, mettant la main sur elle, vint l'arracher à son sommeil de trois siècles et réveiller dans son cœur, avec la conscience de sa honte, le sentiment de sa force et de son opiniâtre fierté. Vous vous rappelez ici 1808 et la guerre de l'indépendance. Blessée dans son honneur, l'Espagne proteste pour ses trop faibles princes, et Madrid donne le premier le signal de l'insurrection. C'est en vain que Murat veut noyer dans leur sang les révoltés de la capitale, il ne fait que hâter le soulèvement général ; la nation entière est bientôt sous les armes, et la lutte commence, acharnée, opiniâtre et désastreuse pour les insurgés comme pour l'empire français. Alors, des hommes sérieux, des hommes qui avaient médité sur la révolution française, des hommes qui avaient vu ce qui s'y était fait de grand, de généreux et de bon pour l'avenir, ces hommes sous le canon de l'ennemi, au milieu des baïonnettes étrangères, se réunissent à Cadix pour fonder cette magnifique constitution de 1812 qui a été jusqu'ici pour l'Espagne son plus sûr garant de liberté.

» Une nouvelle ère commence pour la patrie du Cid. Dès ce moment, l'Espagne court à la démocratie; mais son pas est souvent inégal et ses chutes sont nombreuses. Pourquoi? parce que son dernier roi et ses deux dernières reines prétendent bien exploiter jusqu'au bout l'illusion populaire qui attachait à leur sang royal la souveraineté du pouvoir.

» Le mensonge et le parjure, le sabre et la proscription, tout est moyen pour les gouvernants actuels de l'Espagne et de la Péninsule entière. Car le Portugal, lui aussi, a ses martyrs; lui aussi a soif de justice et de bonheur. Espagnols et Portugais, le moment est venu de vous unir sous la bannière ibérique, et de marcher ensemble à la conquête de vos libertés et de votre indépendance. Vous serez les fidèles alliés de la France républicaine : c'est à l'Europe latine qu'il appartient de donner aux Slaves et aux Germains le premier exemple de la fraternité des peuples.

» Quelques mots encore et j'ai fini.

» Pourquoi le clergé espagnol ne se met-il point à la tête du mouvement révolutionnaire? D'où lui vient cette persévérance dans le culte abominable de la tyrannie, sous prétexte qu'elle est de droit divin? Qui m'expliquera un tel aveuglement chez des apôtres de la liberté, de l'égalité et de la fraternité évangélique? (Bravos.) Mon Dieu! que ces pauvres prêtres légitimistes comprennent mal leur mission! Ils n'auraient pourtant qu'à jeter les yeux sur Rome; ils y verraient Pie IX bénir les armes de la jeune Italie, marchant contre ceux qui l'oppriment et la dégradent. Ils apprendraient du premier évêque de la chrétienté comment ils doivent exposer leurs jours, quand il s'agit d'établir sur la terre le règne de la vérité et de la justice. Hâtez-vous donc d'agir, prêtres d'Espagne, hâtez-vous; car, de notre temps, les jours sont des siècles. N'attendez pas que le peuple vous fasse la leçon comme il va la faire au digne rejeton d'un roi parjure et cruel. Soyez avec le peuple et vous serez forts : c'est en conquérant ses sympathies que vous le dirigerez doucement dans la voie du salut. Encore un coup, soyez les hommes de votre temps et de votre ministère, et n'adorez plus des fictions. (Applaudissements.)

Et maintenant, frères, unissons nos esprits et nos cœurs pour payer aux défenseurs et aux prophètes de la liberté un juste tribut de reconnaissance et d'admiration.

» Honneur donc, Frères, et mille fois honneur à Pie IX d'abord, sans lequel on ne parlerait certainement pas aujourd'hui de révolution européenne et de rédemption des peuples ! (Applaudissements.)

» Honneur et merci aux écrivains de toute l'Europe qui ont prédit et chanté la Liberté. Honneur à Mickiewicz ! honneur à Lamennais ! honneur à Béranger ! à Béranger qui a été plus apôtre qu'aucun de nous (bravo!) ! à Béranger, qui a si bien compris que la vérité chantée pénètre plus avant dans les âmes et se grave plus profondément dans la mémoire !... Honneur à Félicité Lamennais, honneur mille fois, honneur et merci ! car c'est lui qui a prédit, il y a quinze années, les événements qui viennent d'étonner le monde. C'est lui, ce prêtre, qui porta le premier coup de hache dans le trône vermoulu des rois (bravo!); c'est lui, enfin, qui a réuni en un seul faisceau scientifique la philosophie et la religion. (Applaudissements.)

» Merci à vous, âmes généreuses qui avez versé votre sang pour la plus sainte et la plus grande de toutes les causes ! merci ! Ce sang, je vous le promets, sera fécond. Vous n'avez pu vaincre en un jour; mais consolez-vous, votre œuvre sera continuée, nous avons des cœurs, nous avons des bras ! (Oui ! oui ! bravo!) Combattants héroïques du 26 mars, vous n'êtes pas tous morts dans les rues, ces champs de bataille des révolutions; mais consolez-vous, vos corps, quelle que soit la place qu'ils obtiennent, forment, pour vos frères vivants, comme autant d'échelons vers le temple de la Liberté! » (Applaudissements prolongés.)

Le cortége se dirigea ensuite vers la colonne de Juillet, où plusieurs orateurs, délégués des clubs, prirent la parole pour protester contre la politique des dynasties françaises qui refoulèrent, en Espagne, l'esprit de liberté.

Voici les principaux discours qui ont été prononcés :

Le citoyen Salas, au nom du *Comité*, lut la protestation suivante :

« CITOYENS,

» Vous venez de rendre hommage à la mémoire des martyrs de la liberté espagnole; l'Espagne démocratique, représentée par nous, vient à son tour saluer le tombeau des victimes de la liberté française.

» Citoyens! la liberté ne peut jamais se conquérir sans répandre du sang : tous les peuples qui aspirent à devenir libres ont leurs victimes,

» Les vôtres, Citoyens français, ont été déjà glorifiées; les nôtres n'ont encore reçu que le suffrage de nos larmes.

» Vous avez déjà accompli le dernier sacrifice sur l'autel de la Patrie; nous avons encore des sacrifices à accomplir.

» Oui, citoyens, le triomphe de la cause populaire est encore retardée en Espagne. Il faut qu'il y ait de nouveaux martyrs : le jour de leur dévouement est proche.

» Malheur aux despotes sanguinaires qui trempent leurs mains dans le sang du Peuple! Malheur aux bourreaux cruels qui voudraient forcer le peuple à être cruel à son tour!...

» Car, en présence de ce qui arrive en ce moment en Espagne, quand les citoyens sont injustement arrachés de leurs foyers par des courtisans corrompus, que les cachots regorgent d'innocents et de nombreux patriotes, les Espagnols pourraient bien ne pas être aussi généreux, aussi-magnanimes que vous l'avez été au jour de votre victoire.

» Cependant, comme les peuples sont toujours plus généreux que leurs tyrans, le peuple espagnol saura aussi pardonner à son tour à la plupart de ses bourreaux : il ne punira que les traîtres. »

Le délégué du *Comité révolutionnaire* (Club des Clubs), s'exprime en ces termes :

« CITOYENS ESPAGNOLS,

» Invités par votre délégué (1) à célébrer avec vous la mémoire des glorieux martyrs de vos libertés, les membres du *Comité révolutionnaire de Paris* se sont fait un devoir de se rendre à votre appel.

» Citoyens Espagnols! vous verrez dans cette démarche de leur part le désir de proclamer bien haut la cause des peuples, en rendant hommage au souvenir de vos compatriotes morts pour la liberté ; vous y trouverez le gage de ces sentiments de fraternité universelle qui font de l'Europe une même patrie, et autant de sœurs des nations européennes ; enfin, vous y remarquerez la preuve de nos sincères vœux pour le triomphe, au-delà comme en deçà des Pyrénées, des grands principes pour lesquels nous nous sommes levés en Février, et que le lendemain nous avons inscrits sur nos drapeaux, pour la gloire de la France et l'instruction du monde.

» Citoyens Espagnols! nous devons nous arrêter là. Les peuples vraiment libres se font à eux-mêmes leur destinée : qui les aide les opprime ; vous le savez comme nous. L'histoire du demi-siècle qui va se clore vous a appris à vous méfier de toute intervention. Mais soyez tranquilles, le règne des monarchies est passé. Les nations souveraines ont plus de noble fierté et moins d'orgueil égoïste ; amies de l'indépendance, elles la veulent pour autrui autant que pour elles-mêmes.

» *Vive la fraternité des peuples !*

» VIVE LA RÉPUBLIQUE! »

Un vénérable vieillard, encore plein de feu de notre première révolution, prononça ces énergiques paroles :

(1) Le citoyen Del Balzo.

« CITOYENS.

» J'ai 82 ans, et sur cette place j'ai assisté au triomphe du peuple, à la prise de la Bastille. Mon expérience doit vous être utile ; je vous apporte en garantie de mes paroles des mains qui ont porté les armes pour la patrie, durant toute cette glorieuse ère du peuple, et une bouche qui a déchiré la cartouche contre les ennemis de notre première République, dans les principaux combats qu'elle eut à soutenir. Nous étions sans pain, sans chaussures et sans vêtements ; nous n'avions pour toute fortune que nos chers fusils, et nous fûmes partout vainqueurs. Citoyens, c'est que nous étions unis dans une seule pensée, et si nous fussions restés unis, notre République compterait aujourd'hui sa cinquante-sixième année. Que les drapeaux des Espagnols, nos premiers alliés à cette époque, reçoivent la trempe de la fraternité sur cette tombe des martyrs de la liberté. Et toi, Riego, que j'ai connu si grand et si courageux, reçois un souvenir du vieux vétéran de 92. Tes efforts eussent été couronnés de succès, si les Espagnols fussent restés unis, ils eussent été invincibles. Ainsi donc, Espagnols, de l'union, de l'union, et les descendants du Cid secoueront à jamais les chaînes du despotisme. »

Le citoyen Tolosa :

» Martyrs de la liberté ! Le sang généreux qui vient de couler encore une fois dans les rues de Paris a réveillé tous les nobles cœurs : il les appelle à l'œuvre de la délivrance des peuples. Le sang d'autres martyrs a arrosé aussi les villes d'Italie, de l'Allemagne et de l'Espagne !

» Vos âmes, réunies en face de Dieu, nous inspirent un religieux dévouement. A votre exemple, nous continuerons l'œuvre de la régénération des peuples, en cherchant à débarrasser l'humanité des chaînes pesantes et sacriléges de la servitude.

» Vous vous êtes montrés dignes de vos pères : nous saurons nous montrer dignes de vous !

» Accueillez sur votre saint tombeau ces couronnes d'immor
telles, en témoignage de notre reconnaissance. »

(*L'orateur lance des couronnes d'immortelles sur le piédestal
de la colonne.*)

» Honneur aux mânes des victimes de la liberté !

» Vive la République française ! Vive la fraternité des peuples !

» Vive la République universelle ! »

Le citoyen espagnol d'Hervas :

« CITOYENS,

» Phalange funèbre ! mânes républicains ! *héros sublimes!*...
vous n'êtes pas morts pour une famille, vous n'êtes pas morts
pour une nation, vous êtes morts pour la Liberté ! Et le génie
qui vous domine s'élance du faîte de ce monument comme une
pensée de propagande ; et la tempête que vous avez soulevée
contre le despotisme ne s'apaisera qu'avec la chute du dernier
tyran !

» Oui, cette colonne sera désormais le centre autour duquel
graviteront toutes les libertés du monde !...

» Salut, nos frères aînés dans le sacrifice humanitaire ! salut,
gloire et fraternité ! »

A CARREL.

Longtemps persécuté par une race immonde
Dont l'or seul pour parole asservissait le monde,
Grand Carrel, tu marchais plein d'espoir agité
En nous montrant de loin l'honneur, la liberté !
Aujourd'hui qu'à ta voix le peuple se relève,
De ton cœur généreux réalisant le rêve,
Parmi les Espagnols germe le souvenir
Que, prophète, tu sus jeter dans l'avenir :
En frères malheureux qu'un seul désir rassemble
Contre de vils tyrans nous combattrons ensemble !
RÉPUBLIQUE FRANÇAISE, éclaire ce réveil,
Des peuples opprimés sois enfin le soleil !

Enfin, au milieu de l'enthousiasme toujours croissant, le citoyen Del **Balzo** s'adresse chaleuseusement en ces termes au peuple de Paris :

« **FRÈRES**,

» Je suis profondément ému , dans mes sentiments et dans mon cœur, lorsque je me trouve entouré du peuple de Paris, de ce peuple héroïque qui nous a donné tant d'exemples de courage et d'enthousiasme pour la sainte conquête des libertés dont doit jouir la famille européenne.

» C'est à l'ombre de la colonne de Juillet, où se trouvent tracés sur le bronze les noms illustres de vos martyrs, que le peuple français et le peuple espagnol resserrent les sentiments de leur cordiale fraternité.

» C'est à l'ombre de cette colonne immortelle que la France proteste solennellement contre tous les actes de ses gouvernements déclarés contraires aux libertés espagnoles.

» Le peuple français républicain ne se battra plus contre le peuple espagnol ; aujourd'hui les deux peuples sont frères ; leur alliance fera trembler toutes les monarchies qui conspirent contre les développements des principes démocratiques.

» L'émancipation des peuples, voilà notre drapeau, et notre devise : *Liberté, égalité, fraternité !* N'oublions jamais ce que nous venons d'accomplir en l'honneur de la liberté ; conservons toujours présente à notre esprit la parole sacrée du prêtre qui nous a révélé comment nous devons comprendre les sentiments religieux envers l'humanité. C'est au pied de l'autel que nous avons sanctifié notre alliance ; c'est la voix de la religion qui nous le commandait ; c'est le souvenir des martyrs de la liberté qui nous y convie. Gloire à eux ! Soyons donc leurs dignes imitateurs, et crions ensemble :

» Vive la fraternité des peuples !

» Vive l'alliance de la France et de l'Espagne !

» Vive la République française !

» Citoyens-frères, embrassons-nous tous comme signe de notre alliance. »

Tout le monde s'embrasse avec le plus grand enthousiasme. La fraternité des deux peuples était proclamée pour toujours.

Le cortége retourna par les boulevards jusqu'à la rue Laffitte. Arrivés à la *Maison-Dorée*, les Espagnols et Portugais se groupèrent autour du drapeau ibérique, et le sergent Depret prononça ces mots :

« CITOYENS (1),

» La cause de la liberté est la cause du peuple : nous venons d'en recevoir un témoignage éclatant. Espagnols, Portugais et Français, nous avons été touchés à plusieurs reprises par les paroles du digne prêtre que nous avons eu le bonheur d'entendre.

» Gloire éternelle au premier maître de la meilleure des doctrines! Fraternisons franchement avec tous ceux qui veulent être libres; admettons dans nos rangs tous ceux qui promettront de bonne foi de suivre le drapeau que nous arborons ici. »

Le lendemain, le *Comité* fit placarder la proclamation suivante, qu'il adressa aussi à tous les Clubs :

(1) Traduction.

LES DÉMOCRATES ESPAGNOLS

AU

PEUPLE DE PARIS.

« FRÈRES,

» Votre cœur noble et généreux a répondu avec effusion et enthousiasme à la voix des démocrates espagnols.

» Vous êtes venus aux pieds des autels témoigner de votre pieux souvenir envers les martyrs de la Péninsule morts pour la sainte cause de la liberté!

» Vous êtes venus avec nous entendre la parole évangélique d'un orateur sacré, qui, au nom de Dieu et de la fraternité humaine, a protesté contre les principes de la vieille politique des castes princières, qui tendaient à séparer les nations au lieu de les unir.

» Vous avez les premiers proclamé d'acclamation et accepté la candidature à l'Assemblée constituante de l'orateur, l'abbé CHAVÉE, qui, en défendant les droits de la Péninsule, proclamait bien haut *les droits éternels du Peuple et la sainte alliance des Nations.*

» Vous avez, au pied de la colonne des martyrs de Juillet et de Février, protesté, au nom de la France, contre la politique de vos anciens rois, qui espéraient, dans leur fol orgueil dynastique, faire disparaître les Pyrénées au seul profit de leurs intérêts égoïstes.

» Merci, merci, noble peuple de Paris, pour votre concours fraternel! Merci à vous surtout, blessés de Février, qui, encore convalescents, vous êtes unis à nous pour célébrer la fête funèbre des martyrs de la liberté de la Péninsule !

» Notre fraternelle manifestation aura du retentissement par delà les Pyrénées !

» Le peuple y sait aussi tressaillir de joie et d'enthousiasme pour tout ce qui est grand et beau.

» Il a encore assez de sang généreux pour conquérir toutes les libertés.

» *Vive la France ! Vive l'Espagne ! Vive la République !*
Vive la Fraternité des Peuples ! »

Cette pièce couronne dignement les manifestations des démocrates espagnols à Paris. Ces actes auront du retentissement par-delà des Pyrénées. Honneur au citoyen Del Balzo, président du *Comité* qui a su généreusement les accomplir !

Le Drapeau ibérique.

Les temps sont venus où la pensée grandiose de l'homme d'État qui a le mieux représenté le génie politique et civilisateur de la France et de l'Europe recevra une large et complète réalisation.

Henri IV voulut fonder la république chrétienne. La fraternelle confédération brillera bientôt de tout son éclat pacifique et glorieux. Les cœurs et les intelligences sont à la hauteur de cette conception humanitaire.

Les deux nations de l'extrémité occidentale de l'Europe préluderont à l'œuvre sainte en déployant le drapeau ibérique.

Le Portugal et l'Espagne sont dignes de donner ce noble exemple aux autres peuples. Le drapeau fraternel de l'Ibérie retrempera les forces de la Péninsule, comme jadis la pensée de la conquête des océans enflamma les hardis et chevaleresques navigateurs de la Lusitanie, de Castille et d'Aragon ; ils accomplirent alors des œuvres gigantesques : l'humanité les attend à de nouvelles destinées.

La pensée démocratique qui fermente depuis de longues années en Espagne et en Portugal va triompher pour toujours. Cette pensée donna, en 1820, au drapeau espagnol libéral la couleur verte de la chevalerie maçonnique, qu'elle ajouta aux anciennes couleurs nationales, jaunes et rouges. La démocratie portugaise et espagnole créa, en 1830, l'emblème de la fédération ibérique en substituant à la couleur verte, adoptée par les libéraux espagnols, la couleur bleue du drapeau portugais.

Drapeau de la fraternelle union des peuples de la Péninsule, transformé par le génie démocratique de notre époque, élève-toi du milieu des antiques et nobles cités qui couvrent ton sol ! — Que de Barcelonne et d'Oporto, les héroïques cités du mouvement démocratique, à Lisbonne et à Madrid, il n'y ait qu'un cri de ralliement : *Vive la Fédération ibérique !*

Le salut de la pensée démocratique et de l'indépendance réelle de vos nationalités est à ce prix. Le Portugal et l'Espagne, réunis en un seul faisceau politique, feront tomber à leurs pieds les prétentions égoïstes de la vieille diplomatie.

L'Espagne et le Portugal, librement, fraternel'ement associés, rappelleront à leur ancienne splendeur les provinces de la Péninsule, donneront aux possessions d'outre-mer la haute importance commerciale qui les attend. L'Ibérie se relèvera de l'état de décadence dans lequel elle a été entraînée depuis le jour où la fatale influence des intérêts des marchands de la Cité, des dynasties étrangères, de la sainte-alliance, de la honteuse et corruptrice politique de Louis-Philippe s'est appesantie sur elle.

Courageuses cités de la Péninsule, Madrid, Lisbonne, Barcelonne, Oporto, Cadix, Valencia de Minho, Carthagène, Setubal, Alicante, Ferol, Coruna, Bilbao et cent autres, qui n'avez jamais craint de verser votre sang généreux pour vos anciennes franchises et pour la démocratie, levez-vous encore une fois, marchez dans votre force et dans la sainteté de votre mission, en vous groupant autour du DRAPEAU IBÉRIQUE.

La France républicaine est avec vous !

Perr......

(Démocratie pacifique.— 2 avril.)

L'esprit démocratique en Espagne

Madrid vient encore de verser son sang généreux pour la cause de la liberté.

Honneur aux démocrates espagnols qui se sont soulevés pour abattre la dictature de Narvaez et pour relever le drapeau des droits du peuple ! — Leur courage a été au-dessus de leur force. il est vrai; mais depuis le guet-apens tendu contre les libéraux par les chefs de la coalition des modérés-progressistes, les citoyens entièrement désarmés n'ont plus que leurs bras pour renverser le despotisme militaire.

Infortuné et héroïque pays ! Les nobles et courageux martyrs de la liberté espagnole attendent donc encore des imitateurs ! Et pourtant quel est le pays qui depuis la promulgation de la constitution populaire de 1812 a fait plus de sacrifices pour défendre ses droits? Le sang a ruisselé d'une extrémité à l'autre de l'Espagne. Chaque année l'histoire contemporaine de la Péninsule est marquée d'un jour glorieux pour cette terre classique du dévouement à la patrie.

Les Mina, les Porlier, les Lacy, les Morales, les Riego, les Bassan, les Valdez, les Torrijos, les Mansanarès, les Pinto, les Florès Calderon, les White, les Torrecilla, les Milans et cent autres avaient fait le sacrifice de leur vie sous le gouvernement de Ferdinand VII, le parjure.

La mort de ce prince paraissait ouvrir une nouvelle ère à l'Espagne, ère de liberté politique et sociale, ère de gloire et de réhabilitation.

Mais le mauvais génie de l'Espagne se réveillait dans la pensée de Louis-Philippe.

Louis-Philippe convoitait les millions des filles de Ferdinand VII et une domination dynastique que repousse le caractère espagnol.

Le parti progressiste avait terminé la guerre civile. Espartero, devenu la personnification de ce parti, occupait la régence.

Les *modérés* avait juré la perte d'Espartero. Pour arriver jusqu'à lui, ils ne reculèrent pas — eux qui se targuent de leur respect au trône, — ils ne reculèrent pas devant l'envahissement à main armée du palais des infantes.

On connaît ce tragique événement.

Cet acte d'audace inouï souleva l'indignation générale : les progressistes s'en émurent profondément ; ils reconnurent dans cet acte la main de Marie-Christine et de Louis-Philippe.

Barcelonne donna le signal du *pronunciamento* en faveur des principes franchement démocratiques. Espartero ne comprit pas ce mouvement régénérateur.

Louis-Philippe et Christine continuaient leurs trames.

Ennemi des larges institutions politiques de la Charte de 1812, qui eût donné au peuple espagnol les libertés dont il était digne, Louis-Philippe chercha, par tous les moyens de corruption, à s'emparer de l'influence des modérés progressistes et des principaux chefs du parti progressiste, qui eurent la honte de pactiser avec les modérés dans la coalition de 1843.

Ce fut là l'œuvre du machiavélisme le plus effronté. Les chefs du parti progressiste trompèrent d'une manière indigne les plus purs démocrates.

Arrivée au pouvoir. la coalition des modérés-progressistes ne connut plus de bornes. Entièrement livrée à la politique de Louis-Philippe, l'Espagne fut soumise au joug honteux de la corruption que les *satisfaits* faisaient peser sur la France.

Jamais l'Espagne, même sous le règne de Ferdinand VII, n'était tombée plus bas ; la cupidité devint, comme chez nous, l'idole des conservateurs-bornes de la Péninsule. Rien ne fut respecté : l'Espagne fut livrée au pillage, aux illégalités les plus criantes, aux tripotages de Bourse les plus honteux, à la police la plus gangrenée. Rien ne fut épargné. et l'on vit les plus basses intrigues souiller même le palais San-Fernando. où vivaient les jeunes infantes.

Dès ce jour, la jeune reine devint la victime désignée de la coalition et de la politique cauteleuse de Louis-Philippe.

L'Espagne fut ouverte à la curée des intrigants.

Les démocrates sincères, déjà dupes en 1836 de Marie-Christine, qui avait signé à la Granja l'acceptation de la constitution de 1812, grâce au *pronunciamento* des sergents Garcia, Gomez, Fernandez, Lucas, Depret, les démocrates sincères, disons-nous, se détachèrent alors des chefs du parti progressiste qui les avaient si indignement trompés.

Barcelonne la démocrate, qui la première s'était sacrifiée pour pousser Espartero dans les larges et fécondes voies des intérêts populaires, Barcelonne déploya une seconde fois sur ses ruines encore fumantes le drapeau des juntes centrales, le drapeau de la pensée démocratique de 1812, le drapeau de la liberté de l'Espagne.

Sarragossé, Gérone, Figueras, Vigo, Léon, Mataro, Cartagène, Alicante, suivirent le mouvement.

La coalition, représentée au ministère, d'abord, par les seuls progressistes Serrano, Lopez, Caballero, etc., bombarda Barcelonne de la manière la plus cruelle.

La démocratie espagnole succomba encore une fois, malgré l'héroïsme de Barcelonne, qui soutint pendant trois mois les ravages des bombes et des obus.

Cependant les chefs corrompus du parti progressiste avaient ouvert la route à Narvaez et à Marie-Christine : la garde nationale désarmée, la terreur érigée en système, tels furent les auspices sous lesquels rentrèrent en Espagne les deux émanations les plus complètes de la politique de Louis-Philippe.

L'Espagne vit toujours sous ce joug odieux.

Les démocrates espagnols doivent donc redoubler de courage et d'héroïsme pour abattre la tyrannie de la corruption qui pèse sur leur patrie.

Deux idées également élevées et généreuses les guident : — l'instauration du principe *liberté, égalité, fraternité* ; — la pensée d'une fédération ibérique.

Le jour est proche où les couleurs *verte, jaune et rouge*

brilleront sur les anciens minarets des cités espagnols, unies au drapeau *bleu, rouge et jaune*. Le jour est proche où l'Espagne et le Portugal, libres, auront scellé leur fraternité, en se lavant des souillures de la politique dynastique qui ternit l'histoire contemporaine de ces deux peuples généreux.

PERR......

(Démocratie pacifique = 6 avril.)

Au Gouvernement provisoire de la République française.

Le citoyen espagnol del Balzo, soussigné, qui a combattu dans son pays sous le drapeau de la Liberté, s'empresse d'adresser de sincères félicitations au Gouvernement de la Républbique française.

Le grand événement qu'il salue de toutes ses forces a dignement célébré l'anniversaire de la naissance du grand Washington, né le 24 février 1732. La République française ne pouvait renaître dans un plus heureux jour.

Le soussigné, en apportant sa franche adhésion, est certain d'être le fidèle interprète de tous les démocrates de l'Espagne.

Membre du gouvernement provisoire de la province de Murcie en 1840, il a défendu les institutions constitutionnelles.

En 1843, président de la junte *d'armement et défense* de la ville de Barcelonne, sous le drapeau démocrate de la junte centrale, il dirigea le peuple au combat dans la sanglante lutte de trois mois de siége, au milieu des horreurs du bombardement et de l'incendie.

Le soussigné, après avoir replié le drapeau *centraliste* avec tous les honneurs de la guerre, quitta sa chère patrie, se rendit en France, et devint un actif colon de l'Algérie en 1844.

Une ordonnance du gouvernement français (12 mars 1847)

lui octroya une concession considérable de terrain. La colonie prit le nom d'*Entreprise de colonisation agricole et industrielle del Balzo.*

Aujourd'hui le soussigné désirant prouver sa reconnaissance envers la France hospitalière, témoin de l'éclatant triomphe obtenu par le Peuple parisien au profit de la grande famille européenne, vient se mettre à la disposition de la République comme soldat et comme citoyen, en attendant que ses services puissent être utiles à sa patrie.

Vive la République !

N. Del Balzo.

Paris, 1ᵉʳ mars 1848.

Aux Citoyens Espagnols établis en Algérie.

Mes chers compatriotes,

Je viens vous donner l'exemple de la conduite que vous aurez à suivre envers la République française.

La France répond par des faits incontestables à ses détracteurs, qui ne voient dans la République que l'absence de tout gouvernement. Elle prouve ainsi qu'un peuple éclairé ne doit pas supporter le joug de ses exploiteurs et qu'il est l'unique souverain de sa destinée.

Les trois journées de Février ont suffi pour renverser un pouvoir artificieux qui cachait sous de fausses institutions représentatives ses funestes tendances rétrogrades.

Un peuple, en brisant ses chaînes, accomplit la volonté de Dieu ! Devant cette puissance suprême, les trônes deviennent de la poussière, et les armées n'ont plus de force. Trois heures ont suffi au peuple parisien pour renverser la royauté. Dieu l'a voulu ainsi !

Nous, citoyens espagnols, que les événements ont éloignés de notre chère patrie, nous l'avons retrouvée sur la terre hospitalière de l'Algérie. Sur ce sol conquis par la France nous avons, comme colons, donné des preuves de persévérance et d'énergie; nous avons trouvé dans ce pays, par notre travail et par nos efforts, des moyens d'existence et des garanties individuelles, détruites par le gouvernement actuel. Ici, il est vrai, le mal existe dans les institutions, et c'est avec douleur que nous avons vu chez nous se couvrir du manteau royal d'une jeune reine, la dictature et l'arbitraire d'un gouvernement devenu le maître absolu de la vie et de la fortune du peuple espagnol. Mais le crime ne reste jamais impuni : le peuple espagnol, comme vient de le faire le peuple français, se rappellera la dignité de son nom, il saura faire valoir les droits de sa souveraineté, aujourd'hui indignement méconnue. La justice du ciel aidera l'indignation nationale.

Nous, Espagnols, nous jouirons sous le drapeau de la République française du gouvernement du peuple, par le peuple, et nous transmettrons à nos frères d'Espagne les bienfaits de cette sainte institution.

Notre devise doit être LIBERTÉ, ÉGALITÉ, FRATERNITÉ. Courons défendre ces trois principes de salut sans lesquels il n'y a pas d'existence possible dans la vie sociale.

Réfléchissez que la cause de la liberté et de la civilisation est la cause de l'humanité, cause commune à tous les peuples et à toutes les intelligences, et qu'une fois ce principe proclamé en France, il le sera chez tous les peuples, où le despotisme brutal et la corruption condamnent encore la dignité de l'homme à la condition infâme de l'esclavage.

Défendons donc l'étendard sacré de la liberté. Là où il se trouve établissons notre corps de garde, et mieux encore, faisons-en notre patrie. Que le drapeau espagnol se trouve parmi le nombre de ceux qui entrent en lutte; sachons conquérir avec ardeur l'émancipation ; mêlons-nous aux soldats français , et , s'il faut combattre, combattons dans leurs rangs comme des dévoués à la même cause.

Nous qui formons la partie la plus importante de la population européenne en Algérie et de sa garde nationale , apportons notre concours au gouvernement de la République française, entourons-le de notre sincère adhésion, et prouvons encore s'il le faut, que si nous avons été des colons énergiques, nous pouvons être de bons soldats républicains.

Je vous engage, en finissant, à former un comité dans chaque localité, dans le but de vous mettre d'accord pour faire valoir vos intérêts et vos droits comme colons établis en Algérie, auprès du Gouvernement provisoire. Et si je puis vous être utile, acceptez mes services fraternels.

DEL BALZO.

FIN.

ESSAI D'ÉTYMOLOGIE PHILOSOPHIQUE, ou Recherches sur l'origine et les variations des mots qui expriment les actes intellectuels et moraux; par H.-J. Chavée (1843).

LEXIOLOGIE INDO-EUROPÉENNE, ou Introduction à l'étude comparative et raisonnée des mots sanscrits, grecs, latins, espagnols, français, allemands, anglais, etc.; par H.-J. Chavée, (1848).

KRAKOVIE, ou les Derniers débris de la nationalité polonaise, par M. Perreymond. (*Librairie sociétaire*, 25, quai Voltaire, à Paris.)

Sommaire. — I. Géographie — II. Religion. — III. Histoire. — § 1. Tradition de la tribu primitive. — § 2. Les noms et les idées. — § 3. Les faits. — § 4. Les institutions. — § 5. L'intervention étrangère. — § 6. Partage de la Pologne. — IV. Politique. — § 1. Symptômes d'une nouvelle politique. — § 2. Panslavisme et Panmoskowisme. — § 3. Le dilemne politique de l'époque. — § 4. Politique des maisons d'Autriche et de Holstein-Gottorp. — § 5. La paix à tout prix. — § 6. La prévision politique. — V. Krakovie.

LUTTE DES OUVRIERS ET DES ENTREPRENEURS. — Le travail et les grèves, par M. Perreymond.

COLONIES FRANÇAISES DE LA MER DES INDES, par le même.

LE DROIT DE VIVRE POUR LES FEMMES, par le même.

ETUDES SUR LA VILLE DE PARIS (édilité parisienne), par le même.

PHYSIOLOGIE DES LANGUES INDO-EUROPÉENNES, par le même.

DE LA LOCOMOTION RAPIDE EN FRANCE; *grand réseau national, commercial et stratégique de chemins de fer*, par le même.

LE PARIS DES CHEMINS DE FER, par le même.

RECONSTITUTION DE LA MARINE FRANÇAISE, par le même.

DE L'UNITÉ ADMINISTRATIVE DU DÉPARTEMENT DE LA SEINE, ET DE LA GRANDE CIRCULATION DANS PARIS, par le même.

LE DROIT COMMUNAL, par le même.

DECADENCE DU CORPS DES PONTS-ET-CHAUSSÉES, *sous la direction de M. Legrand*, par le même.

ETUDES SUR LES RÉPUBLIQUES D'AMÉRIQUE, par le même.